그 풍경에 말을 걸다

그 풍경에 말을 걸다

초판 1쇄 인쇄 2013년 11월 15일
초판 1쇄 발행 2013년 11월 22일

지은이	송 철 수
펴낸이	손 형 국
펴낸곳	(주)북랩
출판등록	2004. 12. 1(제2012-000051호)
주소	153-786 서울시 금천구 가산디지털 1로 168, 우림라이온스밸리 B동 B113, 114호
홈페이지	www.book.co.kr
전화번호	(02)2026-5777
팩스	(02)2026-5747

ISBN 979-11-5585-081-7 03810 (종이책)
       979-11-5585-082-4 05810 (전자책)

이 책의 판권은 지은이와 (주)북랩에 있습니다.
내용의 일부와 전부를 무단 전재하거나 복제를 금합니다.

이 도서의 국립중앙도서관 출판시도서목록(CIP)은
서지정보유통지원시스템 홈페이지(http://seoji.nl.go.kr)와
국가자료공동목록시스템(http://www.nl.go.kr/kolisnet)에서 이용하실 수 있습니다.
(CIP제어번호 : 2013024244)

그 풍경에
말을 걸다

송철수 시집

book Lab

석화(石花),

그 찬란한 꽃이름으로.

시의 길을 따라

1부 가족에 대하여

- 010 • 어머니
- 012 • 겨울 삽화
- 014 • 저수지에 대하여
- 016 • 이 한파에
- 018 • 이산가족
- 019 • 집에 도둑이 들기 전
- 021 • 누나 이야기
- 023 • 아버지
- 024 • 가족에 대하여
- 025 • 작은형 이야기
- 027 • 아가야, 아가야
- 028 • 호남 터널에서
- 029 • 정년퇴임
- 030 • 겨울 풍구
- 031 • 人生

2부 추월산 보리암에서

- 034 • 겨울 바다
- 036 • 지리산
- 038 • 우항리에서의 명상
- 040 • 여름날의 연극
- 042 • 추월산 보리암에서
- 044 • 조계산의 기억
- 045 • 박물관에서
- 046 • 운주사 가는 길
- 048 • 숙종의 꿈
- 049 • 금산사 가는 길
- 050 • 무등산
- 051 • 구름다리
- 052 • 소록도 가는 길
- 054 • 강진 만덕산에서
- 055 • 덕천 큰곳 검흘굴

3부 밤눈을 위하여

- 058 • 밤눈을 위하여
- 059 • 위험 수위
- 061 • 단풍이 드는 까닭
- 062 • 엘리뇨
- 063 • 腸 운동을 활성화시켜
- 064 • 흔적
- 065 • 감각에 대하여
- 066 • 이태호
- 068 • 누렁소야
- 070 • 자본의 노래
- 071 • 꽃샘추위
- 072 • 聖畵
- 073 • 거리에서
- 074 • 사람들
- 076 • 야학 일지

4부 일출, 일출

078 • 봄꽃

080 • 일출, 일출

082 • 冬柏의 꿈

084 • 단풍이 되어

085 • 맑은 날, 율도가 보인다

086 • 능소화

088 • 엽서

089 • 편지에 사랑에 기대어

090 • 사랑의 쿠폰

091 • 使者의 인생

093 • 정상에서, 한라산

095 • 더불어 높고 희망찬

097 • 호남 의향의 꿈

099 • 철로(鐵路)의 자랑

101 • 그 풍경에 말을 걸다

103 • 시대와의 불화와 깨달음 사이_ 송광룡(시인)

116 • 에필로그

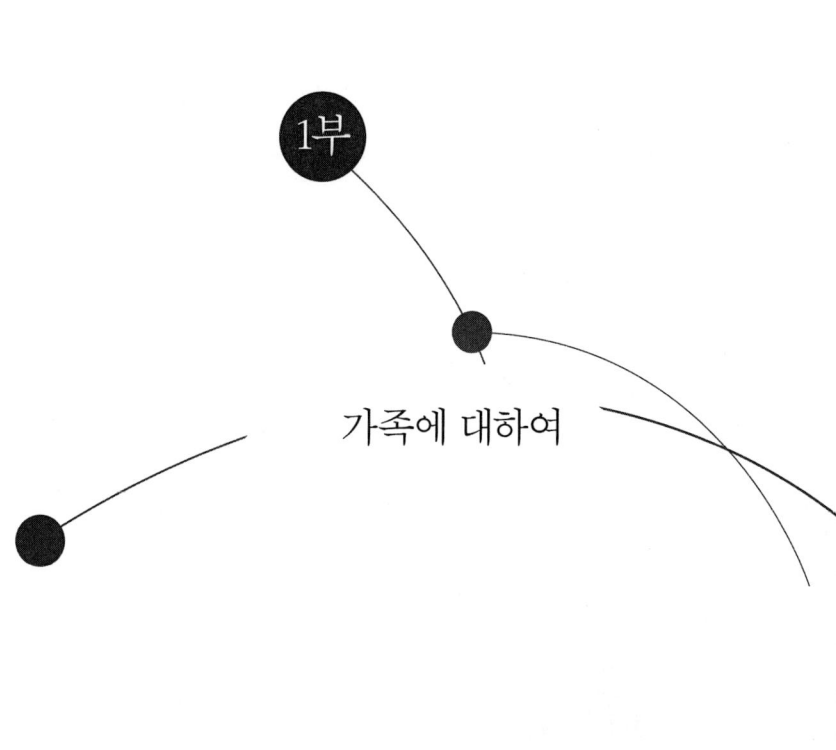

1부

가족에 대하여

어머니

아홉 살 때였던가
꾹새 너머 갯바다에도
겨울이 휑하니 몰려오면
어머닌, 굴 떼를 찾으러 나선다
한층 거세어진,
그 뻘밭으로 오로지
호미와 그물자락 하나
무기삼아 적진으로 진군한다
그리고 이내 피어난다
저 멀리 낯익은 섬들이
하나 둘 기다리다 지쳐
밟아온 어둠꽃 사이로
뒤처져 사라져 가면
어머닌 그제사 허리 두드리며
그날 굴조개 한 짐
잘 다듬어 지신다

이제

감감해져 가는 오른쪽

눈 몇 번이고 파닥거리며

온통 뻘뿐인 그 곳에서

어머닌

꽃으로 아름다우셨다

석화(石花),

그 찬란한 꽃이름으로.

겨울 상화

가을의 들녘 너머
그루그루 헤집고 새순마냥 돋는 것아,

다들 떠나고 남은 우리들끼리
불쑥 자라 내밀어 무엇을 보려나
착각하는 듯이
채 털어놓지 못하는 쓸쓸함이
어린 순들이 정연하게 밀물져 오는구나

봄, 여름 지나면 가을, 다시
그리고 겨울일 텐데……

남해 연안에는
아주 가끔 石花를 따러오는 아낙 몇 명과
제 철을 끈질기게 찾아오는 청둥오리가 있었다
새벽참에 갯가를 돌아나올 때면 두어 마리씩
들고 나는 죽음들,

북풍으로 휩싸인 사람들이 그곳에서 살고 있었다

水門 위까지 차올라 긴 장대 고투하듯
덜컥 불어 덮칠 것을
冬筍은 그러나 깨닫고 있었다

언제부터인가

땅을 갈아엎을 때면
떼 지어 철새들 돌아가고
조금씩 자라나는 새봄, 새순하고는 달라
제 밑동에서 얼어붙은
한겨울 내내, 푸르디푸르게 침묵하는 것아.

저수지에 대하여

강 건너 불 보듯
죽어가는 것들
그길 따라 와룡* 고모님 젖어 出嫁하던
한겨울을 지새고,

독침 같은 가시 엿보며 기다리는 나날처럼
두 길이 만나
하나는 사라져 갈 적에,
고여 제 때를 흘러
무너뜨리는 가뭄처럼 바라다봤을 적
맨 나중으로 보다 또 보고 떠나가는
경계, 그간의 출렁이던 마음가짐들
봄이면 자운영꽃 드러나 제방을 수놓듯
차마 짓지 못하는 처녀의 얼굴이여
먼발치 보일 듯이
또 다른 길을 쫓아 넘어가는
마을과 마을이 끌어들여 잡아 둔 못

그곳에서 죽고자 하는,

죽을 수밖에 없는 사람들이 만나고 있었다.

*와룡: 저수지 너머의 이웃 마을.

이 한파에

두어 차례쯤
서리가 떨어지고 어느 한날
꾹새 너머 큰밭과 산 양지가 도처에
몇 가닥 덜 자란 듯한,
닥나무 무르게 삶는 일이 농번기 같은,
기웃기웃 신이 나게 모여들게 하였다
꼬마 녀석들 동네잔치 때마냥
높다랗게 군불 지펴 하늘 가득히 번지고 나면
방앗간 공터에선 그 껍질을 옴싹 벗겨내는
과실과 어린잎은 무더기로 쌓아지고
수피만 제지용으로 돈을 만드는 일이었다
알몸 줄기자락은 새총으로 제격이었고
불에 닿아 부스럭 부스럭 거뭇하게 사그라지는
밑불 속에서 고구마 붉으작하게 익어갔었다
일당처럼 건네는 무시김치와 더불어
겨울 북풍 한 곁에서 하루가 저물곤 하였는데
허공에서 외줄 타는 듯이 아슬아슬하게

거칠게 잡아낸,
아무렇게나 큰,
닥을 베어 익숙하게 한 철을 가다듬는 榮農이었다
이 한파에
어쩌다 군고구마 파는 고함에 놀라
이 도시에서 추방당할까 두려운 이 저녁에.

이산가족

지금도 기억이 나
하늘가엔 먹구름처럼 어둠이 몰려오고
끝내 암흑천지가 되는 듯
사람들은 아수라장으로 변해 버렸어
비행기 소리, 우박처럼 퍼붓는

하지만 우리가 기억하는 것에는
아주 오래된 공통점이 있었어

코흘리개 아이들처럼
마을 뒷동산에 해가 뜨면
희망 같은 새봄, 새순이 돋았거든.

집에 도둑이 들기 전

1
문을 닫고 문 하나로 산다
날이 저물면
사람들이 사그라지는 소리
바람은 있어 아무 데나 가고

9시 뉴스를 보지 않는 사람
한 발짝도 나서지 않은 채
변기에 오줌을 누며
간혹 물을 내리는 것조차 잊고서

생각한다
내 안에 모든 것이 있다.

2
컴퓨터 책상 뒤편에
먼지가 괴어오르고

뭉텅 그러진 그녀와 산다

종일 윙윙거리는 소리들
팬더곰 시계 바늘에서,
구들장 도는 보일러에서,
다락문에서 들리는 낯익은, 그리고
사방팔방 덮쳐오는 외풍이

요동치며 살아있을 뿐
너는 너고
나는 나다.

누나 이야기

시집가는 날,
세월을 쌓는 것이라고 생각했다
둥그란 얼굴에 웃음이 차고
그녀의 사람들로 붐비는 혼인식,
그렇게 뜻 깊은 순간이었다

어릴 적 내 온몸을 씻기던 시절
여명이 일어나는 시각,
배를 맞대고 추리 소설을 나눠 읽었고
큰길로부터 가파른
골목으로 쫓아오던 소리 속에
그곳, 외풍 심한 자취방에서
그래도 춥지 않았던 것은,
더운 체온이 있었기 때문이었다

암흑 같은 고3 기간
아아, 어떻게 지내왔을까

미처 하지 못했던 많은 말들
부딪히고 감싸고 맞부비는

도란도란
바다가 밀고 당기는 내내
누나는 그렇게,
큰 바다에 닻을 올리는 거였다

어머니 같은 누나.

아버지

새봄 새신랑 같은
사람, 구절산의 기억과
온 몸을 적시던 金城有情
너무 빠르지도 않고
너무 느리지도 않은 세월
그것이 그대의 마음이었다

꾹새 너머
해풍을 맞서며 걸어가던 길
그곳에서 만난 사람들과
탁주 한 사발 비어내던 사람,
신새벽 온 들녘을 깨우고
자전차에 삽자루 하나 어울려
푸르고 붉게 일어나던 사람,
그대 얼굴에 노래하는 혹이 있고
그대 팔뚝에 놓치지 않은 희망이 있고
그대 발목에 온 누리의 향기가 있으니
이 사람이 나의 아버지였다
이 사람이 내가 사랑하는 아버지였다.

가족에 대하여

어디선가
누구나 착해지는 곳이 있다

생각만 해도 큰 하늘같다
해가 나고 구름이 부서져 비가 되고
개울져 온 땅을 뒤적이듯
속속 모르는 것이 없는 곳,
눈물은 눈물대로
웃음은 웃음대로 흐르는
내 마음 뭉게구름처럼 차오르는 곳,
사람들은 딴 데서 잘 자지 못한다
딴 데서 인생을 바꾸지 못한다
돌아, 돌아볼수록 꿈꾸듯
지키고 버팅긴 인간의 꿈이 있다

어디선가
세월은 가고 사람은 남는다.

작은형 이야기

그는, 참
외로운 사람이다
사람들과 함께 용접을 하고
막소주를 들이키는 동안
그의 소리가 매우 크기 때문이다
갓난아기처럼 휘둘러보는
그의 얼굴은, 쉽게 물들어 간다

사람들은 그를 참 좋아한다
그의 내면이 늘 젖어있기 때문이다
그 큰 얼굴에선 기쁨과 노여움
고심, 슬픔, 무서움, 놀라움이
천지간 싸하게 드러나고 만다
그렇게 그의 긴 하루가 정화되는데

그와 함께라면
참 많은 것을 나누고 싶어 한다
그의 이야기를 듣다 보면
마침내 그의 삶을 배우게 되기 때문이다
노동자 시절, 그 무렵처럼.

아가야, 아가야

갓난아기를 본 적이 있어
잔잔하구나,
꾸역꾸역 잠이 들고
소라 속처럼 소리가 들려 와
아주 먼 우주의 신비,
신생아실 저편 아가야
말하지 않아도 다 알아
끊임없이 꿈을 꾸면서
밤새도록 함박눈이 내렸어
아가야, 아가야
이 세상에 내리는 동안
우리 모두는,
黎明처럼
밝아지고 있을 거다.

호남 터널에서

미친 듯한 고3 겨울,
고속버스로 호남 터널에 닿자마자
원시적 풍경으로 이끌렸다
모두들 난파한 배였다, 그곳에서
눈 꼭 감으며 어머닌 보챘다
저물 무렵이면
늘 굴뚝에서 연기를 피워내듯
한 가지씩 비는 마음을 지피라는,
보이지 않을수록 노래하는 마음이 있어야
긴긴 겨울의 터널을 지나갈 수 있으리라

그해 입시를 치루고
오래 삭힌, 노하우였다
어머니의 숨을 멈춘, 기도였다
어떤 책에서
어떤 선생님의 약속에서도 지켜지지 못할.

정년퇴임

정년퇴임을 하던 날,
아버지와
나는 꼭 30년을 사이에 둔다

막내를 낳던 해,
바닷가 느티나무는 자라서
커다란 몸통과 나뭇잎을 피웠다

나는,
아버지가 늘 그리웠다
이른 새벽 떠나시는 동안
그곳이 어디인지 알 수가 없었다
平生,
무너져가는 농토를 지키면서
점점 붉어지고 있었으니

내 서른이 되기 전,
양팔을 힘껏 세우고
그 나무처럼 준비하는 일이 있다.

겨울 풍구

때 아닌 무쇠 풍구 소리
새해는 바람을 일구며 쏟아진다
갑술년 첫날
인상분 나락을 힘겨이 채우며
내내 얼어붙은 풍구를 돌린다
쭉정이 무더기로 쏟아 내리고
귀한 알곡들 헤집고 나올 때면
또다시 그 허덕임이 굵어진다
농투산이의 맨 주먹인 양
자꾸만 자꾸만 바람으로 일어난다
겨울,
풍구를 돌린다는 것은
세월 속 어딘가에 바람 한 자락
일으켜 저 왕겨들을 날리는 것임을.

人生

오늘이 일요일인지 월요일인지
오늘이 3월인지 7월인지
오늘이 초복인지 입추인지
오늘이 누구누구 입학인지 정년퇴임인지
오늘이 장마인지 가뭄인지
오늘 오늘이,
무슨 날인지 무슨 날인지 아는.

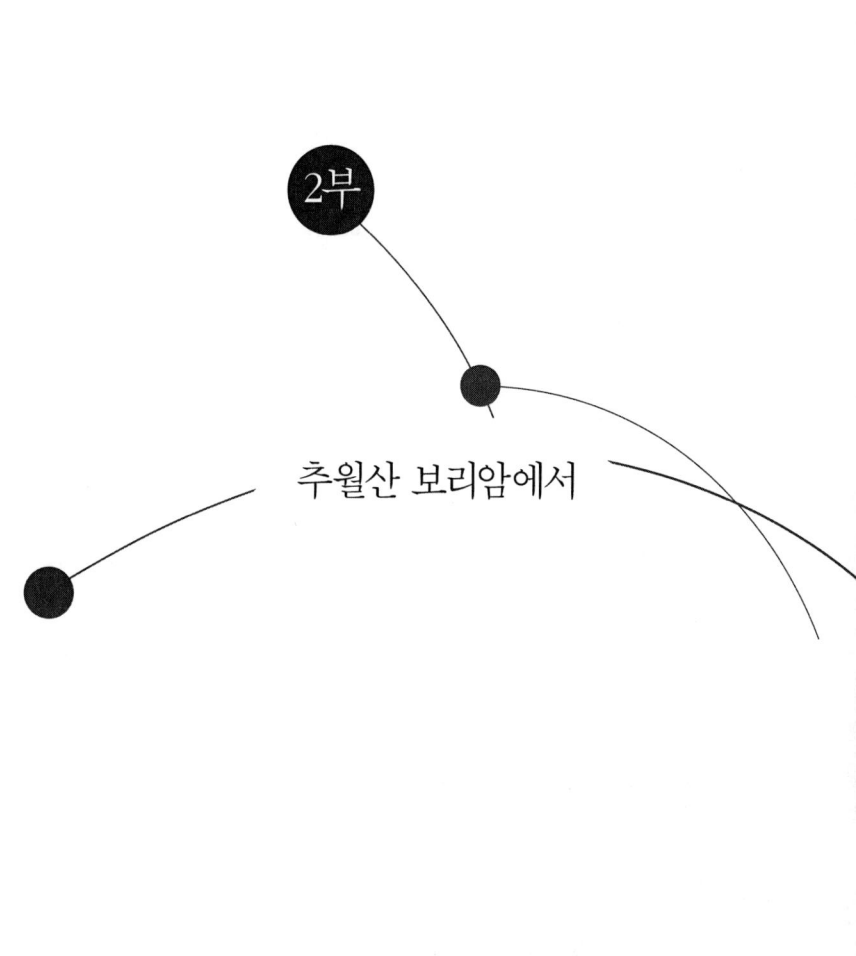

2부

추월산 보리암에서

겨울 바다

비가 오려나
토말탑 우뚝 솟아있는 절벽 가에
파도가 속절없이 쳐 온다
그 얼마나 오래 때려야
저렇듯 강고한 바위자락
허물어 버리고 가다듬는지
겨울 땅 끝에 가서야 안다
한 줄기 물결이 흘러와
그렇게 아낌없이 부딪치고는
마침내 허공으로 솟아
퇴색한 하늘가 한 점
잿빛 몸뚱어리로 부서지는지
땅 끝
겨울 바다에 서서야 안다
끝없이 밀려와 찬란히

피어나는 들꽃 같은 생애들이
어떻게 바윗덩이 깊숙이
파고 들어가서
온전한 자리 잡아 살아가는지.

지리산

마침내 나를 사랑하게 되었음을
세석철쭉 피다 져버린
어느 골짜기에서 알았다

저마다의 꽃으로
봄을 붉게 맞이하듯이
말없이 제 산을 피우던 사람들
그 뒷모습 홀로 저물어도
진실로 아름답다

그대들, 푹 쉬라

서러운 땅에 뿌리를 내리면서
온 산을 헤매던 봄꽃송이들
오늘, 누가 너희를 부르는가
저 능성이 너머 몰려오는
안개 속 삶인가 희망인가

철쭉꽃 저 하나의 빛으로
끝끝내 이 밤을 태움이
더러는 한때의 죽음으로 시들지만
남은 이파리들이 저렇듯 푸르는 건
또다시 꽃을 피울 수 있음이 아닐까.

우항리*에서의 명상

갯벌에서 일어나
춤을 춘다 오랜 시간을 건너
오늘에 이른, 박제된 모습으로 몸짓은 소리 나지 않았다
너의 내장들은 한 줌의 핏덩이가 되었다가
층층이 무늬가 되었다 해남 우항리의 화석에서,
썰물 때의 율동이었다가
기나긴 침묵의 무게였다 이것이 창살 모양의
나뭇잎 하나가 살아난 방법이었다 살아 있을 때와 똑같은,
화석이었고 온몸의 거부의 몸부림이었다

갯바다 수천수만의 뻘구멍으로
토해내던, 또 하나의 소리자락들
그것의 응결이었다가
쉬어버린 목청의 핏덩이였다

바다에서 일어나
춤을 춘다 화석처럼 굳은 표정으로
다시금 융기된 거대한 함성으로,
그러나 소리 나지 않게
불규칙적으로.

*해남 우항리는 공룡 화석이 발견되었던 곳이다.

여름날의 연극

장마가 소강상태에 이르자
재빨리 향토 예비군 훈련의 막이 올랐다
1. 훈련복장을 갖출 것
2. 주민등록증, 중식을 지참할 것
3. 시간 엄수
그리고 삼각산 아래서
더듬더듬 기억해야 할 것이 더 있었다
오늘처럼 6·25 적, 칼빈 총알이
상기하는 것들은 내내 확인 사살용이었음을
한 발은 근거 있는 이유를 위해
또 한 발은 무심해진 적대감과 살인의식으로
그리고 다시 한 발부턴,

한 차례씩 전투원이 되어 사선을 넘고
기진맥진해서 산 내려 올 적에,
학살이 계속되고 있었던 것을
매년 1개 대대병력이 사라지는 비정규전에서,

다시금 성한 몸으로

엉덩이의 흙무덤 탈탈 털며 군용 허리띠를 풀어놓고,

그리고 다시금 막이 내리면서 살아있을 그댄 누구인가.

추월산 보리암에서

이 세상에 슬픔이 너무 많다
철모르게 성큼
한 오십년은 먹어 버렸다
가을이 오기 전, 담양 秋月山에 가 닿았다
줄곧 염불 소리 은은하게 산행을 재촉하며
바위산 곳곳에 비는 노래들 맴돈다
이곳에 내다버렸을까 희망만이
제멋대로 쌓아지고 가파른 세월만 떠나지 않아
아무래도 다시 내려가야 할 것 같았다
근방에서 혹은 제일 높은 곳일 터,
그곳에 암자 하나 솟아 보였다
살아온 길만큼이나 슬픔 또한 그득 배인다
불경 소리, 귀를 뚫고서 입에 흥얼거리는 듯
여름 추월산에서
암반 같은 희망이 벌어지고 다시금 처지는지

어떻게 저렇듯 무너지고 중도 하산하는 마음 씀씀인지
보리암 우물에 와서 마음을 마신다,
정작 마음만 먹으면 슬픔 또한 하냥 흥얼거리다가
제 속으로 곱게 쌓아지는 것을.

조계산의 기억

이백리 길을 넘어선
아주 오래된 기억, 이 산에 와서
얼기설기 치솟은 고로쇠 마냥
우린 그렇게 안개에 싸여 있었다
슬픔은 길 위에 있고
아침은 정상에서 온다
깎아지른 듯 산은, 어지러운 삶 속
조계산의 우기처럼 찾아들고
해가 뜨지 않는 곳곳, 크고
작은 것들 숨죽여 만발한다, 시누대여
백두대간 끝자락에서
이 길을 타고 산사람들과
낮게, 혹은 끝없이 재촉했을 길이여
사람만큼씩 자라 무리 지고
내내 푸르디푸르게 흔들거리는
시누대, 그것은 죽음을 넘어선
그리움의 기억이다.

박물관에서

그곳에선

반드시 입구에서 오른편으로 가야 한다

우리가 돌아갈 수 있는 곳은

강과 바다가 만나는 水門짚이었으리

선사실에선 제 몸의 무게를 알아야 하고

고분실에선 저를 죽여야 한다

사람들은, 이곳에 와서

무수한 세상 위에 버려져 있다가

마침내 고목 같은 공간에서 쉬게 된다

2층 높이의 기억의 저편,

그림을 그리고 도자기를 만들고

나무와 돌자락으로 세워 올린 시간,

바다는 강과 강이 만나는 곳이었으리

그곳은, 모두 일정하지 않다

비로소 사람들은,

죽기 전에 제 할 일이 생긴 것이다.

운주사 가는 길

그러나,
기다림의 미학은 없는가
그곳에 사라진 중장터가 거래를 준비하고
비구니들의 마녀 사냥이 시작된다
덜컹덜컹 풍경도 서둘러 돌아서는
화순 818번 국도에서
이 세상에 붙잡을 것 하나 없다
그저 그렇게 이루어지는 일 없이
사람들은, 몸들을 싣고 찾아간다
건넌 산과 강 사이에
계절마다 못자리를 틀고 삶처럼
큰 나무 밑에서 새참을 드는 사람들
그들, 솥뚜껑 같은 손으로
저렇듯 가슴에 품고 있는 것일까
운주사, 그 절망의 끝에서
칼날처럼 감춘 희망, 담금질해
단 하룻밤에 千佛千塔을 세웠으니

비 내리는 도암 들녘을 지나
마침내 다다른 곳, 그녀의 몸에서
버티듯 피어난 천 년 전의 숨결을
道詵아, 오늘 나는 알겠네.

숙종의 꿈
- '상당 산성'에 이르러

산바람 속에 당신을 만났다
百尺 위에서 흔들거리는 태극기여,
내가 가 닿지 못하는 동안
당신은 山城이 되고 朝鮮이 되었다
그리고
우리 모두는 그 바람 속에 있었다

남문 어귀로
향해 올라오는 바람은,
급커브와 급경사를 공략하는데

당신은 알고 있었을까
邑誌에 의하면,
山城은
바람으로 쌓아올리는
外風工法으로 축조하였음을.

금산사 가는 길

길은,
曲線으로 흘러가는 것이다
굽이굽이 휘돌아 가는 동안
움푹 파인 운명을 만나게 되고
다시금 제 기억을 돌아보게 하는데
길은,
모악산 남쪽 기슭에 가닿는다

운명은 길 위에 있고
이 세상에 확실한 것은 없다

길은,
금산교를 거쳐
또 다른 길로 쓰러지는데
마치 하늘을 찌를 듯한
미륵보살에 눈이 시리다
그리하여 길은,
우리들을 일으켜 세계
최대의 기억에 이르게 하는 것이다.

무등산

내리쳐라,
사방팔방 너에게로 다가는
힘차고 가득 찬 기억
온몸을 날려버릴 것 같은
그 一擊, 그날
모든 것은 휘청거렸다
무어라 무어라 이르는 듯
바람은, 제 산을 휘감고서
겨우내 지상으로 내린다

숨 막힐 듯
치고 들이미는 동안
다다른 곳, 정상이다
혁명처럼 눈이 쌓이고
바로 저기 광주가 있었다.

구름다리

- 강천사 현수교에서

사람이면 누구나
제 키를 넘어서는 동안
가장 큰 공포에 젖는다, 그 높이가
열 배 스무 배를 뛰어 오르니
더 이상 이 세상 사람이 아니다
바람에 흔들리며 기우뚱
온몸을 흔들리며 기우뚱
마침내 저 하늘의 구름이 된다
이곳, 섬진강 상류를 따라
지천으로 피어난 봄을 만나고
맑고 고운 사람들을 알게 된다
사람이면 누구나
저 자신을 떠나는 동안
아무것도 두려워하지 않게 된다

저기를 보아라,
현수교 구름다리가 출렁인다.

소록도 가는 길

구불구불
창밖으로 들쑥날쑥
유서 깊은 남도병원 그곳에 가고 싶다
녹동항 지척으로 여기가
전라도 어느 반도 종착지가 되고
그 둘레로 뒹구는 파도, 수심도 많다
속까지 투명하게 꼬드기는
연안 부두 그곳에 오염되지 않은,
바다 건너 태초의 광기가 변화무쌍하다
그렇게 고깃배 한 척으로
에야디야 몇 푼 삯을 둥둥 띄우며
흙먼지 세상 지겨이 쓰고
소록도 가는 길
이곳에서 저곳으로 흐르는 게

모두가 나병이고 너병일 게다
으스러지게 보듬어 줘 봐라
살내가 난다 아름다운 사람들
짜디 짠 험한 물결 건너서
소록도, 그 섬을 이루고 있으니
그곳에도 사람들의 웃음이 있었네.

강진 만덕산에서

이 마을이 만덕리 귤동 마을,
다산초당은 그 뒷산에 있다 대숲과 동백숲이
한낮인데도 해를 가려 어둡게 하는
회색빛 작업복의 지긋한 일꾼들이 귀양을 온 듯이
쉬엄쉬엄 오르는 산길을 손수 일구고 있었다
서서히 일어나는 다산의 10년 謫居 생활,
사적 제108호라 새겨진 표석을 지나
추사 김정희의 현판이 눈 부릅뜬 구경거리로
구불구불 직행버스는 두어 시간 만에
광주에서 강진 도암면으로 이끈 셈이었다

1801년 신유교난 때 거처를 옮겨
초당의 동편 산마루의 천일각에 서서
강진만의 밀고 당기는 그리움으로 흠씬 적셨을,
이곳에 올라 한눈에 들어왔던 亂世였다.

덕천 큰곶 검흘굴

선흘 가는 길을 따라
듬성듬성 우거진 숲을 '큰곶'이라 불렀다
이곳에서 솟아올라 밖을 휘둘러
手話를 하고 새봄 내내 숨을 죽였다
날이 저물면
제 자신부터 두려워지고
동작 하나하나 너무 커 보였던 시절,
한동안 숨을 멈추고
절벽을 탈 줄 알아야 濟州人이었다

어릴 적 앞뒷집으로 살았다가
지상에서 결코 이룰 수 없었던 死婚이여
한날한시에
확인 사살처럼
길게 가로누웠으니

이 봄날에 부를 노래여, 界面調여.

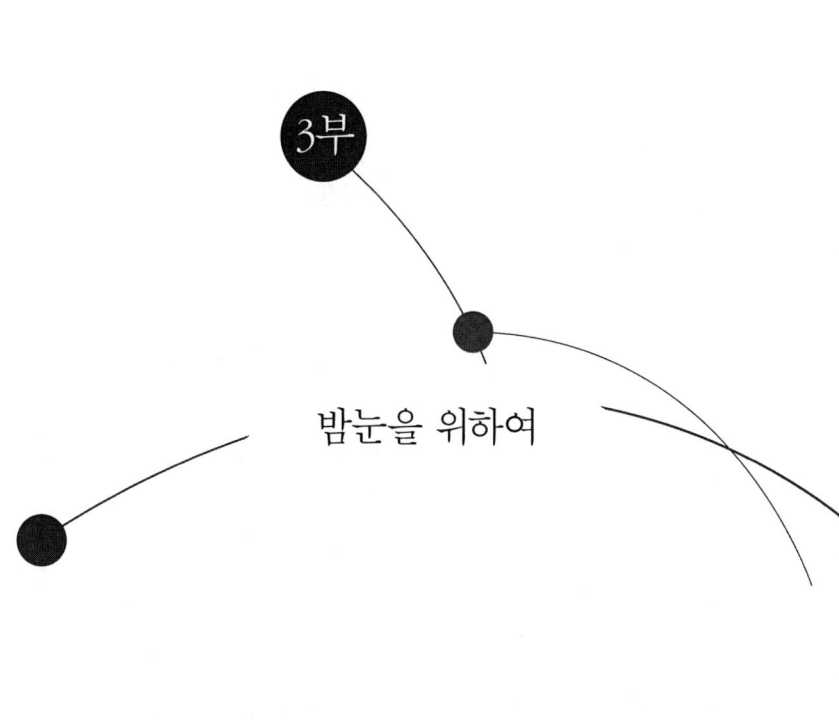

3부

밤눈을 위하여

밤눈을 위하여

여보게 친구,
하얗게 출렁이는 저 눈들을 보게나
저마다 한 점 어둠살을 향하여
몹시도 헐떡거리며
한없이 달리고 있지 않는가

그 눈자락들이 지쳐 녹아들자면
또 다시 달려들어
하얀 깃발, 우뚝 세울 걸세

하여 친구여,
이제는 떨어져 바로 녹는다고
더러운 자취만 남는다고 하여
함부로 짓밟고 가지 말게나
그대의 뒤로도
눈은 내리고
눈은 쌓이고
눈은 세상을 바꾸니까.

위험 수위

놀라는 일만으로 시가 된다면
내 심장은 오래 버티지 못하리
군 복무를 마치고 홍수가 나고
단 두 달 만에
좌초된 사람들, 단지 적이었다
도망질쳤다 살아서 못 건널 강으로
자지러지던 달빛, 이게 아니다
벗어나 칠순 노부모 송편을 빚고
어렵사리 장만했을 햇밥 한 그릇씩
정지문에 걸려 광주리 넘쳐 뛰어오를 듯
생선이고 밥상이며 고향가 보름달 뜨고
다 제 돌아갈 집이 있는 것을
썩은 감자밭에서 봉우리로
닿아 하늘 끝까지 뒤처지지 말라고
어릴 적 기다리며 만나 꿈꾸었을 만큼
잠들지 못하는 곳에서 죽어
누울 곳 없을 먼 타향, 어느 남녘에서

총알을 만나고 배를 움켜 감추며
사랑조차 이 다닥이며 몸 떠는 곳에서
그대들은 또 얼마나 놀랬을까
수백 수천 배 덜컹거렸을 실연의 심장들
한사코 더 깊숙하게 가는 가슴끼리
처지지 말고 지켰으면
내가 너에게 위태로이 등지지 않았으면.

단풍이 드는 까닭

일교차가 심해져 감기에 들 듯
그들, 단풍이 들어
마침내 죽어가기 때문이다

한 몸에 제각각 용솟음치는 절정
모든 죽어가는 것들에 대하여
그들, 뿌리가 있어 마침내 살아남기 때문이다

그리하여
마침내 몇백 년이라도
지키고 있다 그 자리를.

엘리뇨

언제라도 배를 몰고
남해 바다 어디쯤에선 서 보라
내가 세상에 중심이 되나니
멀고 가까운 것들,
오로지 흔들리는 대로
저항 없이 받아들이니

바다에도 길이 있다
하루에 두 번씩
오가는 길 위에 서 있을 때
바람이 불고 우수수 빗방울이 진다

양질 轉化의 법칙,
오랜 가뭄 끝의 홍수처럼
오랜 홍수 끝의 가뭄처럼
어느 지점에선가 무너져 내리는 것들

사랑을 했던가.

腸 운동을 활성화시켜

새로 시작하는 마음으로,
오른다, 등산화를 찾아 신고
붉고 긴 양말을 잡아 당겨
일어나, 진한 삼원색의 옷차림과
모자와 흰 면장갑을 끼우는 시간들

가까이 시내버스로 가 닿는다
1187m 광주 무등산, 낮 동안
내심 도시를 떠나 정상을 찾는다
쉴 새 없이 파고 들어가서 다다른 곳
- 건강한 장이 장내 노폐물을 몸 밖으로
  밀어내는 속도는 시속 10cm

걸음걸음 삶의 박동이 내는 소리
악전고투하듯
내내 집착하게 한다
- 너무 빠르면 설사, 너무 느리면 변비

그대, 얼마나 정상적인 속도로 사는가.

흔적
- 담양 息影亭에서

나무는
영원한 걸까,

그 안에서
스스로 죽이는 부분이 있어
온몸뚱이 흔들어대는 비바람,
공급을 중단한다

버려진 가지는
떨어지고,
얼마 뒤엔 반드시 썩는다
그는, 제 자신을 죽일 줄 안다.

감각에 대하여

우리들 옷에
노을이 묻기 시작하면서
우왕좌왕 경계가 희미해진다
그러나 경기는 끝나지 않았다
아주 멀리서 부엉이 소리
제자가 다잡는
기억, 스산한 形局.

서서히
행동이 스멀스멀 살아나고
감각은 흐린 달빛보다 더 밝다.

이태호

사람에게서,
바람이 일어난다
그가 들어오는 길에서
배경처럼 바람이 불어닥치고
사람아,
그렇게 믿어왔던 것에서
혹한기의 칼바람을 맞는다
무슨 놀이처럼 다
휘젓고 새로 시작할 수 있다면

그는,
우리들에게 하늘을 보게 하였다
우리들 위에 드리운 식민사관
살을 에는 듯,
그의 독설은 꿈이 아니었다

겨울이 오기 전

그가 온몸으로 부채질하는

그의 욕설이,

기실 엘리뇨처럼

우리들의 적도를 상승시키고 있었다.

누렁소야

수 시간 만에 가리라
새 옷, 새 단장을 하고서
마음의 수천수만 거리를 넘는다

밤새 지나치는 곳마다
사람들이 손을 흔들고 오래도록 서 있는데
내가, 대체 누구인가
사람들의 눈물은 또 무엇인가

누렁소야, 서산의 누렁소야
새로운 지평을 여는 통일소야
네 가는 곳이 어딘 줄 아느냐
하나의 핏줄,
하나의 토지,
하나의 민족이 살아 숨 쉬는 곳이다
그들의 슬픔을 갈아엎고
새봄 새순처럼 푸르게 일어나는

한민족의 끈질긴 투지를 보이게 하자

땅을 딛고 해가 뜨면서
우리들의 가슴을 뜨겁게 달구는
통일소야, 네 큰 눈망울처럼
크나큰 덩치로 목청껏 소리쳐라,
마침내 통일의 시대가 도래한다고
이게 도대체 얼마만이냐며.

자본의 노래

그는 자본 안에서 노래한다
자본이 차지하는 지위를 알고 있으며
노래는 우리 몸 전체이다
그가 느끼고 생각하는 각각
수량처럼 몇몇 단위로 계산될 뿐이다
그는, 추억처럼 인간임을 기억해냈다
하지만 다른 수인(囚人)들처럼
경계의 벽 어디쯤 바라보았다가
저녁 시간을 놓치고 싶지 않았다
비틀거리며 찾아든 이 밤에,
그는 노래를 부르곤 했다
들리지 않은 듯, 의미 같은 것
살아 있을 가치가 있어야 한다고,
그는 알고 있었다, 자본의 노래가
그 얼마나 강한 가락을 지녔는지.

꽃샘추위
- 고 류재을 열사를 애도하며

아무리 가까이 다가가도
자꾸만 멀리 달아나는 저편으로
한겨울처럼 싸한 서석로 하늘가 한 지점으로 떠나네
날이 깊어 보이지 않으려나
쌍불을 켜고 별똥별으로 떠나려나
가끔 기차소리 들리던 하굣길 교차로에서
오늘, 더없이 좋을 곳인 양
몇십 년을 훌쩍, 훌쩍 더 나가네
그대가 다 잡지 못한 깃발 뉘이며
이 봄날에 어느 지친 입석표를 끊었나
그렇게 단숨에 달아나려나
어느 곳까지 갈 수 있으려나
눈을 감고서 다다를 수 있을 곳이려니
아무리 가까이 다가서도
이제, 자꾸만 달아날 곳이 없을
그대, 사랑이여.

聖畵
- 4·19 혁명기념일에 부쳐

밖으로 밖으로 쏟아지며 긴 장마처럼 사람들이 굽이쳐 가는 동안, 푸른 옷 연어 떼가 된다. 상류로 상류로 밤새도록 찾아드는, 그저 작은 사람들은 다리를 놓아간다. 비바람에 끊어지지 않을 다리, 죽음보다 무서운 희망의 기억을 맞잡는다.

바람이 분다
광주역 광장을 지나
사월, 거기 봄 햇살이 걸어오고
모름지기 사람은, 사람한테서 가장 많은 것을 배운다.

거리에서
- 수배일기

온 세상에 나리는 비 있구나
차운 하늘가,
어느 네온 불빛에서 질척거린다
나는, 부끄러운 것도
가리울 속살도 없이 고달프다
달음박질로 돌던 그 새벽의 기억처럼
사람들이 그립다 그리고 밤마다
기웃대는 흐린 내 눈살이 찌푸리듯
아예, 이 몸둥이째 물고 할퀴지만
일떠 세우고 만다. 정녕,
칠흑 같은 오늘밤을 사위는
큰 세상 한달음에 다가올 터이니.

사람들
- 이등병에게

여기도 사람들이 사는 곳이라고
커다란 믿음 그 하나로
해가 뜨고 지는 일상을 본다
내가 가지고 있는 것들
이곳에서 무엇을 할 수 있는지
사랑하고 방황하고 고뇌하고
싸워왔던 것처럼
이 동안에도 그러하리라 한다
가장 단순하고
가장 무식하고
가장 과격하게 걸었던
사람들의 속에서 그 모습으로
가장 충실하게 투신하리라 한다
내가 가지고 있는 것들이란
그대로 사람들이 사는 얘기들일 뿐
이 세상은 그래도

뭇 사람들이 일구어 가는 터전이라고
이곳도 사람들이 사는 그 어떤 곳이라고
오늘도 나는
사람들의 시를 감히 쓰려고 한다.

야학 일지

밤을 찾는 사람들이었다
불나비처럼 하루의 끝에서 웡웡거리는 그 밤에
강학이 되고 학강이 되었다가
낡은 교과서에서 뒤적이는 저문 날의 수업에서
인생의 검정고시를 치르기로 하였다
서두른 지각의 계단 오르는 헐떡임에서
목청껏 토하며 두드리는 구멍 난 칠판 앞에서
혹은 졸음의 구여운 수작에서
한층 깊어지는 시험 문제를 하나씩 풀어갔다
조리사 자격증을 노린다던 차씨 아저씨
어김없이 찾아들던 대패질 뛰어나던 김형
공장일 마치고 기어들며 묻던 수학 풀이,
네 이름이 이승환이었고 네 고향은 완도라고 했다
밤을 이고 흐드러지게 피어나는 꽃들이었다
그렇게 빛나는 동안
책과 사람으로 읽어가며
하루의 끝이었다가 인생의 시작이 되곤 하였다.

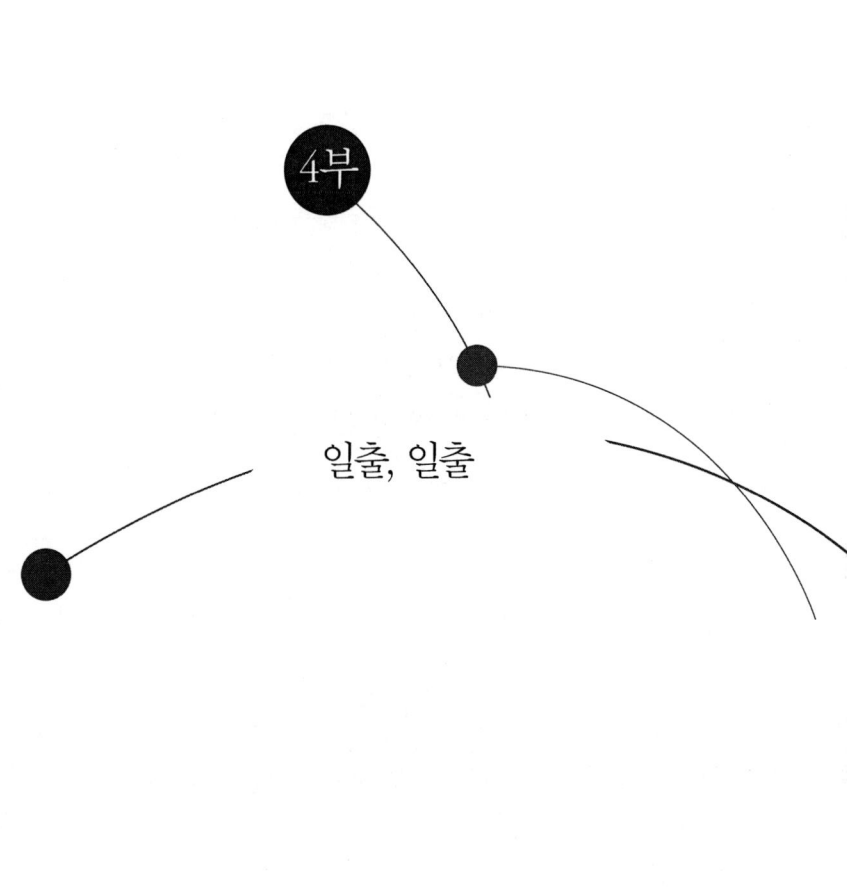

4부

일출, 일출

봄꽃

날이 밝는 족족
어느 남쪽 지방으로부터 북상하여
늦어도 하순께면 산간 지방에 이르고
온통 꽃으로 나무를 뒤덮을 때
밀려오고 넘쳐나면서 꽃은,
우리들 중심에서 꽃대가 올라서서
마침내 하늘 같은 꽃을 피운다
때론 나뭇잎이 나기 전에
한 송이씩 자라나는 봄꽃은,
지고 나면 경쟁하듯 이어 피어나고
운명 같은 전설 하나씩 머금고 있다
죽어 꽃이 되리라,

씨가 여물고 암술대가 갈라지는
어느 한 날에, 꽃은 강물빛이 되고
그렇게 낮게만 흘러가는 봄꽃아,
사람들은 죽어 꽃이 되고 싶었다
어둠이 지나고 자욱한 안개가 걷힐 때
제 모습, 저 자세로 피고 지니
때마침 봄이었다.

일출, 일출

해는
가장 높은 산에서 일어나
눈부시게 온다
가장 넓은 바다에서 솟구쳐
지금 겨울날을 타고
해는
그 누구에건 어루듯이 선하게 온다

해는
긴 어둠과 또 다른 일상에서
가장 먼저, 부시게 마주 쏘아온다
스무 살 적에 혹은
오늘처럼 한 살 먹어가는 그때마다
어느 곳에서
누구와 함께 눈물을 흘리고
분노하는지 그것의 아침을 쫓아
종일 발하며 온 세상을 다 뒤집으며

해는 그렇게 와서 간다

해는
시시비비로 빛나지 않으며
단지 앞서 가기에 여명을 준비하고
아주 늦게까지 가장 황홀하게 물들이면서
그러므로 해는 돋아서
마침내 가장 아름답게 생겨난다

아, 해는 드러나서
우리들의 일차에너지가 된다
우리들의 가장 큰 현실과 희망이 되고 만다
기어코 해는.

冬柏의 꿈
- 성민의 혼인식에 부쳐

누구나 기억할 것이 있다
새봄을 다투며
네 둥그런 열매가 맺기 전
冬柏은,
푸른 기다림으로 꽃을 피운다
이른 봄에
가장 앞서서 활짝 자라난 그에게
꼭 기억해야 할 것이 있다
제 꿀을 키우고
마침내 붉은 꽃이 피면서
冬柏은, 가장 향기로운 봄이 된다
푸른 사람들에 둘러싸여
크고 아름다운 통꽃으로 일어나
남쪽에서부터 북상하여
사계절 내내 윤기가 흘러라

그리하여

네 冬柏이,

온 산을 뒤덮은 오늘이,

천연 기념일이 되는 그날이어라.

단풍이 되어
- 윤주, 새 출발의 날에

네 마음만 있으면 된다네
우린, 희고 뿌옇게 밝아오는 천왕봉
아니 금남로를 구르는 두 바퀴처럼
늘 밀려오는 너를 만났다네
수많은 사람들 속에서
붉게 혹은 출렁이는 얼굴로
다가선 너는,
제 사랑을 이곳까지 밀고 왔다네
정상에서 불어오는 바람,
온 산하를 휘돌아 다다른 내내
가을이 깊다,
네 사랑이 깊어간다네
너의 마음이 손을 내밀 때
우리는, 가슴 설레는 날에
가장 빛나는 단풍잎이 된다네
우리 모두는,
가장 커다란 꿈을 키울 수 있다네.

맑은 날, 울도가 보인다

바닷길 진도 대교를 넘어
우수영 울돌목을 휘몰아치는 바람아,
네 사랑의 기압차가 일어나
오늘, 고기압의 중심에 이르렀다
이것을 사람들은 혼인이라고 했고
이것을 사람들은 행복이라고 했다
그러나 어떤 사람들은
이것을 날씨와 꼭 같다고 했다
기압골의 영향을 받은 후
고기압의 영향을 점차 받는 듯이
바람이 강하게 불겠으니
산불 등 화재 예방에 주의하기 바라는 것처럼
네 사랑의 훈풍을 따라가며
나들이와 빨래와 난방 지수가,
세차와 불조심과 운동 지수가 오늘,
네 사랑의 지수로 발표되었으니
내일이 오기 전,
해야 할 일들이 무척이나 많아졌다.

능소화

비가 많고 해가 많은 시절에도
피어나는 들꽃이 많다
사람아, 숨을 고르듯 돌아보자
뙤약볕 속에 잎이 나고
주위를 감고 올라가는 갈잎
덩굴나무의 능소화 잎 다 피었다
사람 가까이서 잘 자라나는
한여름, 하늘을 향하여
주렁주렁 큰 꽃들을 떨구는데
바람이 분다,
시계추처럼 흔들리는 내내
모든 경계를 넘어 세상을 본다
여름꽃보다 뜨거운 것이 있으랴

끝끝내 떨어지지 않은 채
아무데서나 잘 자라는 능소화,
뙤약볕 속에 붉은 꽃을 내고
한 세상 도발적인 동안,
*어제의 바람은 그치고
오늘의 바람이 불고 있다.

*김명수의 시 「어제의 바람은 그치고」 중에서

엽서
- 봄, 포충사에서

바람이 분다
대촌 들녘을 지나
키를 낮추어 내려서는
바람은, 새 떼다
내려서는 모든 곳에서
푸르게, 혹은 붉게
봄은 살아있다

어느새 다가왔던가
내 사랑아.

편지에 사랑에 기대어

지금 자고 있을까
밤들어 바람이 차지고
무등이 보이는 중흥동
불 밝혀 써보는 것이 있다
여러 번 뒤척이는 동안
생각은 꼬리에 꼬리를 물고
오늘밤, 동천 직녀성이 뜬다
나는 쓴다 쓴다는 것이
얼마나 우람한 일인가를
하늘같은 생각에 이르는가를
찬바람 내리는 무진들녘
그처럼 온 세상을 휘감고
내 창가, 내 가슴에 내리는
사랑아
오랜만에 편지질 꺼내
지새우듯 누군가를 불러보자
내 사랑이 얼마나 커지는지
사람들은 그때, 별이 된다.

사랑의 쿠폰

맛있는 라면을 끓여 드린다네
2천 원 이내의 선물을 드린다네
구두를 반짝반짝 닦아 드린다네
설거지를 깨끗하게 해 드린다네
심부름을 해 드린다네
꾀꼬리 같은 목소리로 노래를 불러 드린다네
어깨를 10분 동안 주물러 드린다네
'사랑해요'라고 살짝 뽀뽀해 드린다네

당신의 생일!

사랑은, 끊임없이 주는 동안에도
자본처럼 결코 줄어들지 않는다
이것이 나의 근대성이다.

使者의 인생
- 영화 '시티 오브 엔젤'을 보고

그는 추락했다
입술과 눈 주위에 피가
흐르고 사람들은 주목했으나
그는, 온몸으로 감지하고 있었다
자신을 향하여 피어나는
붉고 낯선, 인간의 느낌에 대하여

使者들은, 소리를 먹고 산다
해가 지고 뜨는 때를 기다려
지상의 인간을, 마침내 데리고 간다
그러나 그는 추락했다
사랑은, 그를 인간으로 만들었다

어느 날 그는,
자신이 죽지 않고서도
아주 충분히 죽을 수 있었다
그것이 인생이었다
이 세상의 모든 어깨 위에 내려앉은
사랑이, 얼마나 큰 인생이었는지.

정상에서, 한라산

그곳에 바람이 있었네
쌍떡잎 졸참나무 숲으로 이어지는
어리목 계곡을 지나
해발 1,700 고지에 불어 닥친
한라산, 그 달콤하고 말끔한 바람이여

그곳에 햇살이 있었네
제 심장의 정통에 닿을 듯
온몸과 온맘을 뒤흔들고 비틀며
끝끝내 사그라지지 않을
오월, 그 뜨겁고 열정적인 햇살이여

그곳에 돌길이 있었네
구멍 난 수많은 역사의 길이여
파노라마처럼 펼쳐지는 윗세오름이여
우리 모두를 강단지게 만들
인생, 그 단단하고 무거운 사랑이여

그곳에서 만난 땀과

그곳에서 흘렸던 기억들과

그곳에서 결코 잊지 못할 희망들이

우리 모두를 정상에 우뚝 서게 하였네.

더불어 높고 희망찬

그해 봄날
우리가 찾아갔던 자리마다 사랑이었다
흐드러진 벚꽃과 새하얀 웃음과 날개 달은 우정들
한낮의 중외공원길에서 만난 사람과
청춘과 넘쳐나던 꿈이 있었다

그해 여름날
우리가 넘어갔던 고개마다 열정이었다
굽이굽이 태백산맥과
수줍은 고흥 반도의 끝에서 만난 사람들
21세기의 소록도에서 기억하는
천형과 이별과 끈끈한 인생이 있었다

그해 가을날
우리가 만났던 가슴마다 욕망이었다
사형제를 폐지하라, 학교 체벌 금지하라,
존엄사를 인정하라

빛고을 운암골에서 외쳤던
열일곱의 나이와 여성과 높다란 이상이 있었다

그해 겨울날
우리가 바랐던 세상마다 희망이었다
하늘 가득 함박눈과
온 누리와 승리하는 역사의 길에서
새해 첫날, 찬란한 해돋이,
함께하는 열여덟 명의 대장정이 있었다.

정말로 꿈결 같은 시간이었다.

호남의향의 꿈

임진년 그해 그날
백두대간의 끝자락, 무등산 골짜기마다
반일의 함성 소리가 울렸나니
담양의 고경명, 광주의 김덕령, 나주의 김천일
고하노라, 죽음보다 소중한 애국이여

갑오년 그해 그날
오천년 역사와 함께 경작하던 호남평야 줄기 따라
반봉건 반외세의 목청소리가 터졌나니
1차 고부 봉기, 2차 백산 봉기, 3차 삼례 봉기
전하노라, 무명의 수천 수만의 외침이여

경자년 그해 그날
삼천리 금수강산 곳곳, 돌담 넘어 시내로 시내로
자유, 민주, 정의의 깃발이 펄럭였나니
3.15선거는 무효다, 학원에 자유를 달라
알리노라, 광주 고교생들의 피맺힌 절규여

경신년 그해 그날
충장로와 금남로를 지나 도청 광장으로
계엄령 해제, 민주화 쟁취의 열망을 가슴에 담았나니
주먹밥과 시민군, 평화와 자치 공동체의 10일
기억하노라, 5월 광주의 통곡과 분노, 사랑이여

4월과 5월에 만난 역사와 민주주의여
군사 분계선 155마일을 넘어
무등에서 백두까지 물밀 듯이 넘실대는 그리움이여
하나의 민족, 하나의 조국 건설의 사명감으로
이루노라, 두 손 맞잡고 성큼성큼 달려가는 통일이여.

철로(鐵路)의 자랑

철로는

가장 가까운 곳에서

가장 먼 곳으로 쉼 없이 달려간다

삼천리 금수강산 굽이굽이

한반도 백두대간 줄기줄기

붉게 타오른 두 철로는 끝없이 달려나간다

철로는

가장 낮은 곳에서

가장 높은 곳으로 기운차게 뻗어간다

바다 끝 항구를 넘어넘어

육지 끝 아우라지에 닿아닿아

맞잡은 두 손 철로는 어디든지 줄기차게 뻗어나간다

철로는

가장 좁은 곳에서

가장 넓은 곳으로 말없이 찾아간다

끊어진 조국 산천 이어이어
무너진 통일 염원 키워키워
대륙의 꿈, 한민족 새 역사의 길을 찾아나간다

그리하여
철로는, 우리 모두의 꿈이 된다
미래 성장의 꿈, 다가서는 녹색의 꿈길이여.

그 풍경에 말을 걸다
- 영산강의 시원, 가마골에게

아무래도 만나지 못할 것 같아
일전을 벼르던 마음 하나 둘 버리고야 말았네
언제 어디서부터 시작한 일인지
늦봄이 다 가도록 채 피우지 못한 사랑아

용추산 가마골에 사람이 찾아 들어
자꾸 출렁거리는 마음에 다리를 놓고야 말았네
두려움과 설렘, 어디서 오는 길인지
갈래갈래 다다른 곳, 잔디 광장에서 만난 사랑아

굽이치는 암반, 용소 계곡이 만들어가는
붉고 푸른 전라도, 그 중심에 흘러들고 말았네
밤낮 쉼 없이 찾아들고 합류한 것인지
영산강을 이뤄 황해 바다로 전진하는 사랑아

가도 가도 끝없는 길, 모든 경계를 넘어
무수한 물줄기를 통솔하여 문을 열고야 말았네
세상은 길 위에 있고, 정상은 눈앞에 보여
아무래도 다시 시작해야 할 것 같아, 내 사랑아

시대와의 불화와 깨달음 사이

송광룡(시인)

1

여보게, 친구
하얗게 출렁이는 저 눈들을 보게나
저마다 한 점 어둠살을 향하여
몹시도 헐떡거리며
한없이 달리고 있지 않는가
-「밤눈을 위하여」 중에서

시의 화자는 밤눈이 내리는 풍경을 바라보고 있다. 밤눈은 '출렁이는', '헐떡거리며 / 한없이 달리고 있'는 '어둠살'이다. 누구나 밤눈이 내리는 것을 본 적이 있을 것이다. 그러나 그것을 '어둠살'이라고 말할 수 있는 자는 많지 않다. '어둠'과 '살'이라는 말이 결합하여 드러내주는 밤눈의 이미지, 그것은 '헐떡거리며 / 한없이 달리고 있'는 우리들의 자화상이 아닌가. 흔히 말하는 시의 구체성이란 이런 것일 터이다.

송철수는 밤눈을 이렇게 표현하면서, 거기에 '하얀 깃발'의 이미지를 더한다.

그 눈자락들이 지쳐 녹아들자면
또 다시 달려들어
하얀 깃발, 우뚝 세울 걸세

하여 친구여,
이제는 떨어져 바로 녹는다고
더러운 자취만 남는다고 하여
함부로 짓밟고 가지 말게나
그대의 등 뒤로도
눈은 내리고
눈은 쌓이고
눈은 세상을 바꾸니까.

'하얀 깃발'에 대한 해석이야 읽는 사람의 몫이겠지만, 조금이나마 송철수를 곁에서 지켜본 나로서는 지금으로부터 10여 년 전, 그러니까 그가 대학을 다니면서 시를 썼던 1990년대 초반의 사회 현실과 대학가의 분위기를 먼저 떠올릴 수밖에 없다. 그리고 그것의 모태는 1980년대에 있다고 하는 것이 좀 더 정확할 것이다. 군부독재에 대한 저항, 민족통일과 민중해방에 대한 열망…… 이 시는 내게 그러한 시대 상황의 산물로 다가왔다. 비단 이 시만이 아니다. 이번 시집에 실린 대부분의 작품에서도 나는 엇비슷한 느낌을 받았다.

지리산 골짜기에서 시인은 '피다 져버린' 세석철쭉에 주목하고, 그것을 '서러운 땅에 뿌리를 내리면서 / 온 산을 헤매던 봄꽃송이들'로 노래한다. 이때의 봄꽃송이들이 무엇을 의미하는지는 덧붙일 필요가 없으리라. 그러면서 시인은 '남은 이파리들이 저렇듯 푸르른 건 / 또 다시 꽃을 피울 수 있음이 아닐까'(「지리산」)하고 미래에 대한 희망을 버리지 않는다. 이와 같은 전개와 구조는 앞서 살핀 '밤눈'의 그것과 크게 다르지 않다.

이러한 시대와의 불화는 '이 한파에 / 어쩌다 군고구마 파는 고함에 놀라 / 이 도시에서 추방당할까 두려운 이 저녁'(「이 한파에」), '한사코 더 깊숙하게 가는 가슴끼리 / 처지지 말고 지켰으면 / 내가 너에게 위태로이 등지지 않았으면'(「위험수위」), '끝없이 밀려와 찬란히 / 피어나는 들꽃 같은 생애들이 / 어떻게 바윗덩이 깊숙이 / 파고 들어가서 / 온전히 자리 잡아 살아가는지'(「겨울바다」), '죽어 꽃이 되리라, / 씨가 여물고 암술대가 갈라지는 / 어느 한

날에, 꽃은 강물빛이 되고 / 그렇게 낮게만 흘러가는 봄꽃아'(「봄꽃」), '제 밑동에서 얼어붙은 / 한겨울 내내, 푸르디푸르게 침묵하는 것아'(「겨울삽화」), '암반 같은 희망이 벌어지고 다시금 처지는지 / 어떻게 저렇듯 무너지고 중도 하산하는 마음 쓸쓸인지'(「추월산 보리암에서」), '혁명처럼 눈이 쌓이고 / 바로 저기 광주가 있었다.'(「무등산」) 등에서처럼 이 시집의 곳곳에서 만나게 된다.

이처럼 그의 시들이 과거의 정황과 심성에서 멀리 있지 않은 이유는 무엇일까. 이 시집에서는 현재의 '그를 읽을 만한 단서가 그리 많지 않다. 10년의 세월을 훨씬 뛰어넘는 이 간극을 어떻게 이해해야 할까. 나는 일차적으로 이것이 궁금했다.

발문을 쓰기 전에 만난 송철수는 이 작품들의 대부분은 1990년대 초반에 썼던 것이라고 고백했다. 그렇다니 수긍할 수밖에…… 그래도 안타까움은 남았다. 1980년대는 시에서 수없이 회자되어 왔다. 그만큼 시인과 시집이 넘쳐나고 독자의 사랑을 받는 시대는 아마도 다시 오기 힘들 것이다. 문제는 시의 시대였다는 그 1980년대의 시풍에서, 그의 시가 얼마나 개성적인가 하는 점이다. 이번 시집을 통해 그에게 남겨진 부채가 있다면 바로 이 점일 것이라고 나는 생각한다.

2

흔히 시인은 세계를 바라보는 자라고 한다. 여기서 바라본다는 것은 바르게 본다는 것, 깨닫는다는 것을 의미한다. 깨닫는다는 것은 무엇인가. 상식과 타성의 벽을 꿰뚫어서 새롭게 본다는 것이다. 그러므로 새로운 인식, 깨달음은 필연적으로 낯설 수밖에 없고, 좋은 시는 낯설다.

갯벌에서 일어나
춤을 춘다 오랜 시간을 건너
오늘에 이른,
박제된 모습으로 몸짓은 소리 나지 않았다.
너의 내장들은 한 줌의 핏덩이가 되었다가
층층이 무늬가 되었다 해남 우항리의 화석에서,
썰물 때의 율동이었다가
기나긴 침묵의 무게였다 이것이 창살모양의
나뭇잎 하나가 살아난 방법이었다
살아 있을 때와 똑같은,
화석이었고 온몸의 거부의 몸부림이었다

갯바다 수천수만의 뻘구멍으로
토해내던, 또 하나의 소리자락들

그것의 응결이었다가
쉬어버린 목청의 핏덩이였다

바다에서 일어나
춤을 춘다 화석처럼 굳은 표정으로
다시금 융기된 거대한 함성으로,
그러나 소리 나지 않게
불규칙적으로
-「우항리에서의 명상」 전문

　해남 우항리의 공룡 화석지에서, 그가 '창살 모양의 / 나뭇잎 하나가 살아난 방법'을 가르쳐줄 때, 나는 나도 모르게 그를 따라 명상의 시공간 속으로 들어간다. '박제된 모습으로', '소리 나지 않'는 '몸짓'을 느끼고, '한 줌의 핏덩이가 되었다가 / 층층이 무늬', 혹은 '썰물 때의 율동이었다가 / 기나긴 침묵의 무게였'던 시간을 감지한다. 그것이 '창살 모양의 / 나뭇잎 하나가 살아난 방법이었다'고 서술할 때, 이 시는 내게 낯선 즐거움을 선사한다.

　이 낯설음 속에서, '나'와 '타자'는 한몸이다. 시인이 균형을 잃고 어떤 상투성, 어떤 이념이나 특정한 관념, 수사 따위에 함몰되거나 경직되어 있을 때 '나'와 '타자'의 일체

감은 형성되지 않는다. 일체감에서 비롯되지 못한 시는 낯선 자기 목소리를 낼 수 없다. 그 소리는 이미 누군가가 내뱉은 익숙한 소리일 뿐이다. 여기에서 좋은 시가 빚어지는 비밀이 있다고 나는 믿는다. 시가 직관의 산물이라는 흔한 말의 의미도 나는 이와 같은 맥락으로 이해하고 있다.

직관이란 분석적 인식이나 상상력만으로는 얻을 수 없다. 시인의 모든 것, 태어나서 지금까지 끌고 온, 베르그송의 표현을 빌면 '자기 삶의 역사의 한 부분', '자기 삶의 일부'만이 직관의 눈을 열게 해준다. 송철수가 공룡 화석지에서 '창살 모양의 / 나뭇잎 하나가 살아난 방법이었다'고 쓸 때, 그와 같은 깨달음 속에는 그가 살아온 과거의 집합, 축적된 시간의 총체가 담겨 있다. 다시 말하면 그와 같은 깨달음은 그만의 진정한 체험이 사물과 만나 불꽃을 튀기는 순간이다. 베르그송은 궁극적인 실재를 살아서 부단히 변화하는 생성의 세계로 인식했다. 그리하여 그것에 다가가기 위해서는 '직관'에 의존해야 한다고 주장했다.

"직관은 일종의 지적인 공감이다. 이런 공감을 통해서 우리는 대상의 입장에 서게 되고, 마침내 대상에게 독특한 무엇, 즉 표현이 불가능한 무엇과 우리 자신이 동일화된다.", "직관적 지식은 지식의 대상과 동화됨으로써 얻어진 지식이다. 그것은 사물이 어떠어떠하다는 명제를 내

놓는 것이 아니라 사물의 내재적 본질을 직접 깨달아 아는 것이다."

베르그송의 직관을 시로 바꾸어 이해해도 무방하다. '지식의 대상과 동화'된다는 것은 바깥의 사물이 시인 안의 사물과 동화된다는 것을 말한다. 시간과 시간, 삶과 삶이 뜨겁게 만나 꿈틀거리는 것이다. 이때 얻어지는 이미지가 바로 시의 구체성이다. 현실과 대응하는 회환, 기쁨, 슬픔, 절망, 분노 등의 감정은 이 때 이미 생동하는 한 편의 시로 옷을 갈아입는다.

3

누구의 시집이 됐든 첫 시집만큼 많은 것을 담고 있지는 못하다. 첫 시집에는 그 시인이 앞으로 써나갈 시의 씨앗이 다 뿌려져 있다고 해도 지나친 말이 아닐 것이다. 치열함도 치열함이거니와, 무엇보다도 첫 시집에는 한 시인의 시적 자양분이라고 할 수 있는 유년 시절이 등장하기 때문이다. 시인의 싹은 그 유년 시절의 상처를 토양으로 자라는 것이다.

아홉 살 때였던가
꾹새 너머 갯바다에도

겨울이 휭하니 몰려오면
어머닌, 굴 떼를 찾으러 나선다
한층 거세어진,
그 뻘밭으로 오로지
호미와 그물자락 하나
무기 삼아 적진으로 진군한다
그리고 이내 피어난다
저 멀리 낯익은 섬들이
하나 둘 기다리다 지쳐
밟아온 어둠꽃 사이로
뒤쳐져 사라져 가면
어머닌 그제사 허리 두드리며
그날 굴조개 한 짐
잘 다듬어 지신다

이제
감감해져 가는 오른쪽
눈 몇 번이고 파닥거리며
온통 뻘뿐인 그 곳에서
어머닌
꽃으로 아름다우셨다

석화(石花),

그 찬란한 꽃이름으로.

-「어머니」 전문

    달리 부언이 필요 없을 만큼 쉬운 시이지만, 나는 이번 시집에서 백미를 꼽으라면 「우항리에서의 명상」, 「겨울 풍구」와 더불어 이 시를 그 자리에 올려놓고 싶다. 세상의 어머니들 가운데 '석화'가 아닌 분이 있으랴. 그럼에도 이 시에 등장하는 어머니는 '석화, / 그 찬란한 꽃이름'에 더도 덜도 없이 꼭 맞게 다가온다. 그것은 시인이 어머니를 다른 사람이 아닌 자신의 어머니로 그려냈기 때문일 것이다. 그리하여 시인의 어머니는 한 편의 시 속에서, 이 땅의 모든 어머니로 거듭나게 되는 것이다.

정년퇴임을 하던 날

아버지와

나는 꼭 30년을 사이에 둔다

…(중략)…

나는,

아버지가 늘 그리웠다

이른 새벽 떠나시는 동안

그곳이 어디인지 알 수가 없었다
平生,
무너져가는 농토를 지키면서
점점 붉어지고 있었으니
…(후략)…
- 「정년퇴임」 중에서

 위의 시와 더불어 시인의 고향과 유년 시절, 그리고 가족을 엿볼 수 있는 시로는 「가족에 대하여」, 「누나 이야기」 등을 들 수 있다. 아쉬운 것은 이들 시에서도 앞서 언급한 흔적이나 시인의 시적 원형이라 일컬을 만한 단서가 쉽게 발견되지 않는다는 것이다. 아마도 시인이 이번 시집에 넣은 시들을 선별하는 과정에서 그러한 시들을 빼버린 것이 아닐까 싶다.

4

 송철수의 시들을 읽으면서 나는 무릎을 칠 만한 구절을 만나는 기쁨을 여러 번 맛보았다. 예를 들어, '풍구를 돌린다는 것은 / 세월 속 어딘가에 바람 한 자락 / 일으켜 저 왕겨들을 날리는 것임을'(「겨울 풍구」)이라고 그가 쓸 때, 나는 내가 볼 수 없는 새로운 세계를 그를 통해 들여

다보면서 즐거웠다.

사물을 꿰뚫어 보는 그의 눈은 날카롭고, 그것을 표현하는 그의 언어는 섬세하다. 거기에 무엇보다도 빼놓을 수 없는 것이 사람에 대한 신뢰가 시집 전체에 걸쳐 곡진하게 배어 있다는 점이다. 때때로 그의 시가 현실에 대한 조급성으로 인해 다소 경직된 것이 안타까웠지만, 그 또한 넓게 보면 그의 사람에 대한 애정에서 비롯된 것으로 이해할 수 있다. 이는 앞으로 그에게 남겨진 시간을 헤아릴 때 득보다는 실을 가져다 줄 것이니, 이제 더 나은 부단한 창작은 그의 몫이요, 그에게 남겨진 '부채'를 그가 충분히 해결할 수 있으리라고 믿는 것은 내 몫일 터이다. 마지막으로, 그의 시 「겨울 풍구」를 한 번 더 감상하는 것으로 어쭙잖은 발문을 마칠까 한다.

    때 아닌 무쇠 풍구 소리
    새해는 바람을 일구며 쏟아진다
    갑술년 첫날
    인상분 나락을 힘겨이 채우며
    내내 얼어붙은 풍구를 돌린다
    쭉정이 무더기로 쏟아 내리고
    귀한 알곡들 헤집고 나올 때면

또다시 그 허덕임이 굵어진다
농투산이의 맨 주먹인 양
자꾸만 자꾸만 바람으로 일어난다
겨울,
풍구를 돌린다는 것은
세월 속 어딘가에 바람 한 자락 일으켜
저 왕겨들을 날리는 것임을.
-「겨울 풍구」 전문

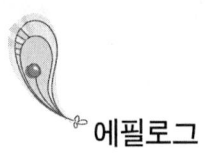
에필로그

    광주는 광주가 아닌 곳에서도, 오월은 오월이 아닌 것에서도 기쁘고 성내고 슬프고 즐거워하고 사랑하고 미워하는 우리들의 모든 감정입니다. 수천 수만 가지의 정서로 만나게 하는, 가장 많은 감정을 일깨우는 일이 바로 광주이고 오월의 기억이라고 자신합니다. 설령 제 자신이 달나라에서 토끼랑 방아를 찧는다 하더라도 말입니다.

    다시금 '오월 어느 날'이었습니다. '1980년 오월 어느 날'이었습니다. '광주 1980년 오월 어느 날 밤'이었습니다.

    "밤 12시 / 하늘은 핏빛의 붉은 천이었다 / 밤 12시 / 거리는 한 집 건너 떨지 않는 집이 없었다 / 밤 12시 / 무등산은 그 옷자락을 말아 올려 얼굴을 가려버렸고 / 밤 12시 / 영산강은 그 호흡을 멈추고 숨을 거둬버렸다 // 아 게르니카의 학살도 이렇게는 처참하지 않았으리 / 아 악마의 음모도 이렇게는 치밀하지 못했으리."(김남주의 '학살' 중에서)

    그 밤을 통해 우리는 느끼고 생각하고 마침내 일어서고야 말았습니다. 아득히 먼 곳에서 끌어올린 민중의 강인

한 생명력과 거대한 역사의 저력을 머리에서 발끝까지 체득하게 되었습니다. 정말로 온 몸으로, 온 정신으로 만나고 껴안고 기억하게 되었습니다. 누가, 어디에서, 무슨 일을 하고 있든지 말입니다. 시인 '김남주'는 1980년 광주에도 전라도에도 없었습니다. 신문도 라디오도 없는 0.75평 독방에서 '오월 어느 날 밤 12시'를 보내고 있었습니다. 그러나 그의 시는 누구 못지않게 오월의 광장, 그곳에서 함께 슬퍼하고 위로하고 사랑했습니다.

다시 문제는 '광주'라는 공간도, '오월'이라는 시간도 아니라고 생각합니다. 그것들이 우리들의 심장을 깨워 온갖 감정을 살려냈듯이 이제는 우리들이 세상의 온갖 감정을 일으켜 세워야 합니다. 적어도 제 자신은 33년이 지난 '오월 어느 날', 그 다짐을 되새겨봅니다. ─불의에 분노하지 않은 채 너무 오래된 기억이라고 말할 수 없습니다. 부정에 일떠서지 않은 채 너무 먼 곳에 있다고 말할 수 없습니다. 혹은 그것이 세상살이라고 말할 수도 없습니다.─ 이것이 제가 기억하는 '오월'이고 '김남주'입니다. 이것이 제가 사랑하는 '오월'이고 '김남주'입니다.

오래 전부터 교정에 담쟁이 넝쿨이 모여 삽니다. 가끔 바람이라도 놀러오면 일제히 푸른 인사를 나누는 모습이 매우 친한 벗이 찾아오는 양 반갑게 느껴집니다. 담쟁이가

건물을 온몸으로 감싸고 흔들리는 동안 한때 우리들의 영혼을 감싼 '벗'을 생각하게 됩니다. 희뿌연 거리에서 혹은 칠흑 같은 한밤까지 나 아닌 누군가를 걱정하고 위로하던 그 사람들, 자신도 잊어버린 오랜 그 감정들을 기억하고 솟구치게 하는 '벗'을 오늘 다시 만나고 있습니다. 설령 제 자신이 달나라에서 토끼랑 방아를 찧는다 하더라도 말입니다.